メニューの操作方法

注意！ このDVDは、ビデオテープのように再生ボタンを押しただけで、全ての映像を見られるようになっていません。
メニュー画面でお好きな項目を選ぶことで、その映像が再生されるシステムになっています。
好きな項目を、直接選んで、どこからでも見られる。これがDVDの特長です。

DVDの使用法（技の解説）

●メインメニューから、ご覧になりたい項目をDVDプレイヤーのリモコンの十字キーを使い、**赤矢印**を左右に移動して選択し、決定します。

●『技の解説』を選ぶと、技の解説（技法解説）のメニューが表れます。

●メニューから、ご覧になりたい項目をDVDプレイヤーのリモコンの十字キーを使い、**赤矢印**を上下に移動して技の項目を選択し、決定すると再生されます。

●『手解一箇条』から一本捕りを選んだ場合

●『技の解説』メニューより『手解一箇条』を選ぶと、『手解一箇条』のメニューが表れます。
　そのメニューから、ご覧になりたい項目をDVDプレイヤーのリモコンの十字キーを使い、**赤矢印**を上下に移動して技の項目を選択し、決定すると再生されます。

●メインメニューから、『動作のみを見る』をＤＶＤプレイヤーのリモコンの十字キーを使い、**赤矢印**を左右に移動して選択し、決定します。

●『動作のみを見る』を選ぶと、『練習モード（スロー再生）』のメニューが表れます。

●『練習モード（スロー再生）』メニューより『手解一箇条』を選ぶと『手解一箇条 スロー再生』のメニューが表れます。

一本捕り（いっぽんどり）

居捕一本目

メニューにもどる時は、リモコンのメニューボタンを押す

●そのメニューから、ご覧になりたい項目をＤＶＤプレイヤーのリモコンの十字キーを使い、**赤矢印**を上下に移動して技の項目を選択し、決定すると再生されます。

● **DVD 使用上のご注意**
ＤＶＤビデオは、映像と音声を高密度に記録したディスクです。
ＤＶＤプレーヤー、ＤＶＤ再生機能付きパソコンでご覧になれます。
なお、プレーヤーの機種によっては、正常に動作しない場合があります。
詳しくはご使用になるプレーヤーの説明書をお読みになるか、プレーヤーメーカーにお問い合わせ下さい。
ＤＶＤプレーヤーのシステムが旧タイプの場合、ＤＶＤが再生できないことがあります。
ＤＶＤプレーヤーとハードディスクが一体になっている機器は、システムを最新にすることにより、再生することが可能になります。（実証済み）
システムの改善の仕方は、ＤＶＤプレーヤーの説明書をお読みください。

● **DVD 取り扱いについて**
ディスクはじかに指で触ったり、床などに置いて傷等を付けないように丁寧に取扱って下さい。
汚れた場合はクリーニング専用の布などで丁寧に軽く拭き取って下さい。
使用した後は不織布（付属の袋）に入れて保管して下さい。
ディスクに傷が付いた場合、再生不能になることがあります。

●**著作権と免責事項**
ＤＶＤは一般家庭での使用を目的に販売されております。
第三者への配布及びレンタルは、法律で禁止されております。

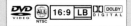

もくじ

■第三章　合気柔術の技術 92

第一章

手解一箇条とその技術

居捕は、大東流を遣える躰を作る事を目的とした技術である。居捕で教える事は、立捕に至る迄の、腰と膝の力をつける事で、特に足の拇指を養成する稽古である。

　また膝行をする事で自分の躰の重心を前に乗せる体躯が養われる為、次の段階の立捕を行う上で滑らかな腰の切れが会得できる。集中力を養うにはただ精神的な集中ばかりではなく、膝行で居捕を行い、足の拇指を鍛え、この拇指が強化される事で、立捕に至っても威力がグーンと増すのである。

　また居捕で鍛えられた足の拇指は、転身を行う際の腰に開きや回転動作にも威力を発揮し、居捕の稽古を十分に積み、足の拇指が鍛練されるか、否かで、以降の業の進歩が定まる。

　昨今の多くの大東流の愛好者は、膝の擦り剥け事を嫌って、立捕や派手な突きや蹴り等ばかりを稽古する傾向にあるが、「合気」で最も重要な事は中心力と集中力の発気であり、その根源は足の拇指にあり、此処が十分に鍛練される事でこれ等の力が最大限に発揮されるのである。

　因みに、大東流は合気道で謂う「一箇条」や「二箇条」(合気会では一教、二教という)が、同じものではないので注意が必要である。喩えば大東流では合気道で謂う「一箇条」が「一条極」に当たるので、合気道の一箇条イコール大東流の一箇条ではないという事である。大東流の修行者でもこれを同じように考えている人がいるが、これは大きな認識の誤解というものである。

　本書では大東流の手解きに当たるきわめて基本的な腰力の養成の為の「一箇条」と「二箇条」を紹介する。居捕で十分に腰と膝の鍛練を積むと、腰と膝が出来上がる。腰力がついて腰骨の上に背骨を垂直に乗せる事が出来、また鍛練された膝は「弓身の足」を用いる上で、各々の理合を躰で表現する絶大な威力を発揮する。これは躰の中心線が傾かず、一箇所に自分の力を集める事が出来るからである。

1　敵と正対した状態より、

2　敵は正面打ち手刀を振り上げて打ってきたら、

3　中高一本拳の当身を入れて、同時に肘を抑えます。

7　敵のバランスを崩せたら、

8　腕を巻き取るように転身し、

9　敵を引き落として、肘を押えます。

【踏み方の種類】

A　敵を抑え込んだ際は、手首と肘を極めます。

B　他にも、敵の腕の内側の肘と肩の間の部分を踏む方法、

4　肘と手首をつかみ、

5　敵の肘と手首を固めて左肘を折り曲げ、

6　上に押し込む様に敵を後方へと重心を崩します。

10　倒れた敵の肩を膝で抑えて、

11　我が左足を立てて敵の肩を固め、

12　手刀を振り上げて残心をとります。

C　敵の腕の外側の肘と肩の間の部分を踏み、敵の手首を浮かす方法や、

D　敵の肩を膝で踏み、敵の腕を腰に捕り、左足を前方に踏み込んで、肩を固める方法などがあります。

1　敵と正対した状態より、

2　敵が手刀を振り上げ、

3　横面から打込んできたら、

7　敵を押し倒します。

8　倒れた敵の頭を
外側に向けて、

9　敵の手首を押えて、右ひざ
を敵の二の腕の中央部に乗せ、

●敵の手刀の受け方と顎への打ち込み

　手刀は刷り上げる様に手刀で受け流し、
敵の顔が外にそれるように顎に掌手を打ち
込みます。同時に自らの転身を行うことで、
敵をスムーズに押し倒すことができます。

4 敵の手刀を受け、敵のア
ゴに掌手を打ち込みます。

5 当身によりバランスを崩
した敵の首を右手で抑えて、

6 敵の右手を我が左手で
左側へ引き込み、

10 敵の腕を極めます。

11 更に敵のこめかみに
手を乗せて、

12 畳に押さえつけます。

●敵の手首、腕、こめかみの抑え方

　こめかみをしっかり押さえることで、
敵の状態が固められ、蹴りなどの反撃を
抑える事ができます。

1　敵と正対した状態より、

2　敵が襟をとり、

3　他方の手で拳を突きに
きたら、

7　肘と肩を折り曲げるよう
にして、敵の腕を返し、

8　敵の腕を押して、

9　敵の重心を崩します。

13　倒します。

14　敵の腕を踏み、

15　手刀を振り上げ残心を
とります。

4　2丁張り（二刀拳）で
当身を入れます。

5　敵の手首と、

6　肘を掴み、

10　敵を引き込みながら、

11　腕を巻き取るように
転身し、

12　敵を引き落として、

A
●手首と肘の捕り方
　手首と肘を捕り、敵の肘、肩が90度に折
れ曲がるように両手で関節を固定します。

B
●敵の腕の裏側の踏み方
　手首を捕り、敵の腕の裏側が真上にくる
ように抑え、膝で二の腕の中心を踏みます。

1　敵と正対した状態より、

2　敵が襟をとり、

3　他方の手で拳を突きにきたら、

7　敵を浮かし、

8　敵を崩しながら、

9　前方に投げ放ちます。

【肘返しの手順】

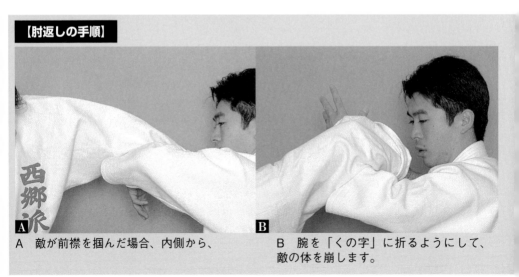

A　敵が前襟を掴んだ場合、内側から、

B　腕を「くの字」に折るようにして、敵の体を崩します。

4　当身を合わせていき、

5　敵の掴もうとする気に合わせ、腕を敵の肘に当て、

6　敵の腕を跳ね上げるように、

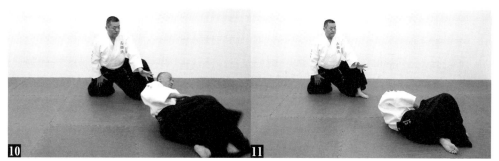

10　敵を見据え、

11　残心をとります。

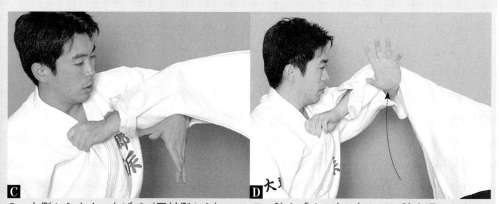

C　内側からすくい上げて（反対側から）

D　腕を「くの字に」して、腕を返します。

1　敵と正対した状態より、

2　敵が両襟をとりに
きたら、

3　敵の手が襟を掴むと
同時に、

7　敵の重心を崩し、

8　押し倒します。

9　敵の手首を捕り、

13　敵の肩を踏み、

14　左足を前に踏み込ん
で、敵の肩と腕を固め、

15　残心をとります。

4 2丁張り（二刀拳）で
当身を入れ、

5 敵の締め手を我が胸で
押し返しながら、

6 敵の肘を開き、片側の
肘を吊り上げて、

10 我が足を敵の肘下に
置き、

11 敵の腕の肘関節を
極めながら、

12 転身し、敵を反転
させます。

【敵の崩し方】

A 敵が両手首締めをして
きたら、

B 敵を押し崩して、

C 右手で敵の肘を押
し上げます。

1　敵と正対した状態より、

2　敵が両襟をとりに
きたら、

3　2丁張りで当身を
入れます。

7　側方に押し倒します。

8　右手を離して、

9　我が右手を敵の左腕の下
を通してから、

13　敵の手のひらを
畳に置いて、

14　右膝で肩を踏み、

15　敵の腕と肩を固め、
残心をとります。

4　敵の両手首のつけ根を掴み、

5　敵の手首を折りながら、

6　敵の上体を崩して、

10　敵の手の甲側の手首を掴み直します。

11　手の取り方は、敵の小指側に我が指を掛け、

12　手首関節を極めながら、敵をうつ伏せに誘導し、

●手首と肩の極め方

　腕・肘・肩を一直線上に並べ、踏み固めます。敵は、膻中が開かれ、呼吸ができなくなります。

1 敵と正対した状態より、

2 敵が両襟をとりにきたら、

3 ２丁張りで当身を入れます。

7 側方に押し倒します。

8 転身して倒れた敵の腕を縛り、

9 敵の右手を敵の左方へと引き込み、

【腕重ねの手順】

A 敵の両手を交差させて押さえた後、

B 敵の右手を左方へと引き込み、敵の左手で敵の右腕裏の急所を押えます。

C 次に我が右手を敵の右手の下を通して、

4 敵の両手首を掴み、 5 左右に大きく開き、 6 敵の腕を絡めてから、

10 敵の左腕を敵の右腕に絡め、我が右手で敵の左手を掴んで、 11 更に我が左手で敵の左手首を掴んで持ち替えます。 12 手刀を振りかざし残心をとります。

D 敵の左手首を掴み、手首を締め込んで、 E 更に我が左手を敵の腕の下を通して持ち替え、 F 敵の手首を固めます。

1　敵と正対した状態より、

2　敵が襟をとりに来て、

3　手刀を切り込もうとしたら、

7　敵の左右の腕を絡めながら、

8　敵を崩し、

9　横へ押し倒します。

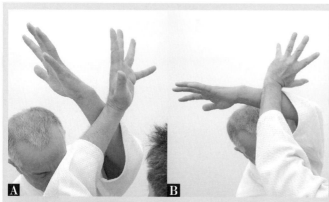

●敵の左手の捕り方

A　敵の手刀を我が左手で受け、我が手が敵の腕と触れた瞬間に、

B　我が左手を摺り上げるように左方向に回転させて敵を崩し、敵の腕を掴みます。

●敵の右手の取り方

掴まれた敵の右手を、我が右手の指先で敵の手首外側にある急所を押えて敵の腕を捕ります。

4　我が手刀を振りかざして
敵の手刀を受け、同時に敵
の右手首をとります。

5　身体を転身させながら、

6　敵の両手首を捕り、

10　絡めた腕を更に
締め込んで、

11　相手の重ねた腕に
我が膝を踏み込み、

12　残心をとります。

●敵の腕の縛り方
敵の顔の上で両腕を絡め押し付けると、
（呼吸ができない）

●残心の状態
右手を離しても、膝で腕が固められ動けま
せん。（呼吸ができない）

1　敵と正対した状態より、

2　敵が両手首を押え動きを封じようとしたら、

3　敵の目の前で両手を叩きます。

7　敵の上体を崩して、

8〜9　投げ放ちます。

【小手返しの手順】

A　両手は、指先を敵の喉元に向けて打ち、

B　敵の右手首を我が右手でしっかりと握って、

C　掴まれた敵の親指の付け根を支点に、我が左肘を敵の右肘に当てるように敵の掴みを外します。

4　敵が上体を浮き上がらせたら、

5　敵の手首を掴み、

6　敵の手首関節を極めて、

10　敵の掌を畳に置いて、固定させ、

11　敵を腕の肘下を我が手刀で抑え、

12　残心をとります。

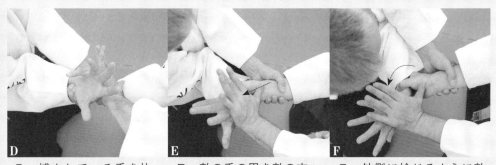

D　捕まれている手を抜いたら、そのまま敵の右手の甲に当てて、

E　敵の手の甲を敵の方へ押してから、

F　外側に捻じるように敵の右手を回転させ、手首関節を締め込みます。

1　敵と正対した状態より、

2　敵が両手首を押えて、動きを封じようとしたら、

3　敵の両手を横に流して、

7　腕を引き込みながら、

8　転身し、

9　敵を崩します。

【敵の肘部の掴み方】

A　我が両手を右側に大きく円弧を描くように回し、

B　敵の左手の甲を我が左手で掴みます。

C　敵の手首を締めて掴まれた手を外し、

4 円弧を描くように敵の左手を上げて小手を取ります。

5 右手で肘を捕り、

6 敵を押して大きく崩し、

10 うつ伏せに抑え、

11 敵の肩を膝で抑え、

12 手刀を構えて、残心をとります。

D 我が右手を敵の肘に移し、

E 敵の左手がくの字になるように、敵の手首と肘を固めます。

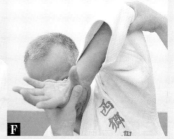

F 敵の肘部の掴み方

1　敵と正対した状態より、

2　敵が両手首を押えて、動きを封じようとしたら、

3　左右に両手を開いて、

7　手前に引き寄せて、

8　膝の間に導いて、膝先ではさみ、

9　足先を左右に開き、

【両手の開き方】

A　手首を左右に開き、

B　円弧を描くように手首を上げ、

C　敵の手首の甲を合わせ、打ち付けます。

4 円弧を描くように手首を上げて、敵の両手首の甲骨をコツンと音がするように合わせます。

5 敵の腹部を蹴り込み、

6 手首関節を極めながら、

10 腰を落とし、膝先を更に締めます。

11 手を離して、手刀で敵の頭部を打ち、

12 残心をとります。

【膝先の締め方のコツ】

I 正座の状態で敵の腕を膝先に挟み、

II 足先を開いて腰を落とすと、膝先が締まります。

1　敵と正対した状態より、

2　敵は手首を掴んで
こようとしたら、

3　腕を捻って、手首
の内側を取らせます。

【手首の裏の取らせ方と切り返し】

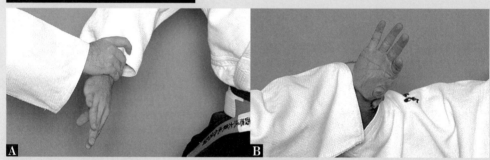

A　手首の内側を取らせ、

B　切り返して、

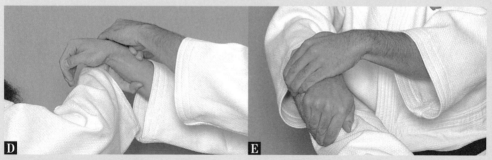

D　敵の握る右手の指部に私の手を
添えます。

E　小手捻りを掛ける際、敵腕と手首が水
平に「くの字」になっている事が肝心です。

4　敵の手の甲を左手で押えて、

5　握られた手首を敵の手に巻き付け、

6　敵の手首を「くの字」にして引き込みます。

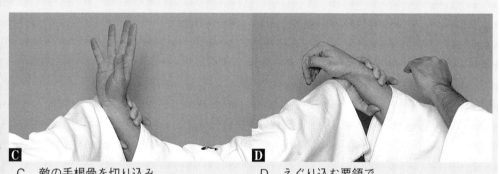

C　敵の手根骨を切り込み、

D　えぐり込む要領で、

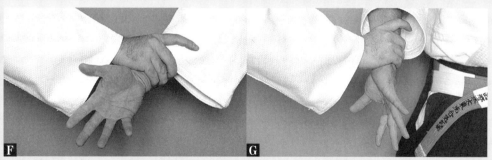

F　手首を切り上げる際に、写真のようになると敵の手首を猫之手の要領で巻取る事ができません。

G　よって、手首の握らせ方に注意が必要です。（写真3）

1　敵と正対した状態より、

2　敵は両手首を掴もう としてきたら、

3　敵の目に手の残像を残し、 敵が掴もうとする瞬間に両手 を入れ替えて掴ませます。

7　更に右手を腕の下を 通して、

8　敵の右手首を掴んで 締め込み、

9　敵を固めて残心を とります。

Ⅰ　両手を握らせて、敵の手 首を切る時は、手刀を切りな がら敵の腕を動かします。 この手刀を**「刀印」**(とういん) と言います。

Ⅱ　また敵の腕を絡ませ る場合、左右の絡みが、 ちぐはぐでいずれかが不 十分であったり、

Ⅲ　絡みが浅かったり、

4　敵の手首を掴み取って、敵の腕を縛ります。

5　左手を相手の腕の下を通して、

6　敵の右手首に持ち替えます。

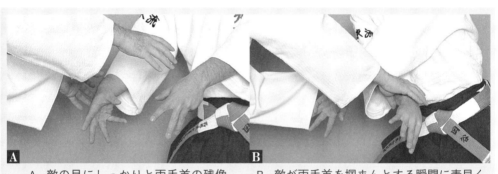

A　敵の目にしっかりと両手首の残像を植え付けます。

B　敵が両手首を掴まんとする瞬間に素早く左右を入れ替えます。

【注】敵は左右が入れ替わった瞬間が見えずに、そのまま左右刺し違えの手首を握らせます。これを「残像による合気」と言います。

Ⅳ　片方だけが伸び切ったり、

Ⅴ　敵の小手先だけの範囲で腕を絡ませると腕重の十分な効果を得る事はできません。

1　敵と正対した状態より、

2　敵が手首を掴んでこようとしたら、

3　敵に手首を握らせて、

7　敵の手首関節を両手で固めます。

8　敵の肘に我が肘を重ねて、

9　敵の肘をえぐるように、

【肘関節を極めるまでの手順】

A　敵の左手首を我が左手で握り、

B　更に右手で敵手の手首をとります。

C　敵の手首を固め、

4　敵の手の甲を押えます。

5　円弧を描くように手首を切り上げて、

6　敵の左手首を捕り、

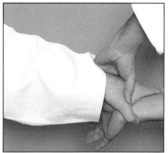

10　脇を締めながら左足を前に進めて腰を切り、

11　敵の肘関節を締め込みます。

敵の手の甲を押さえる時は、「合谷」というツボを親指で押すようにします。

D　更に我が右肘を敵の腕に乗せて、

E　敵の手首を締め込みながら、我が脇を締め、

F　敵の肘をえぐるように締め込みます。（肘を極めすぎると肘関節が外れるので、注意が必要です）

15 手解二箇条　立捕四本目　二本捕り（にほんどり）

1　敵と正対した状態より、

2　敵が手刀で切り込んでこようとするのを、

3　当身と同時に腕を取り、

7　更に敵の腕を槍を突くようにして、

8　敵を抑え込みます。

9　敵の腕を制しつつ、

13　敵の胸が開くように、

14　両手を固めて、

15　手刀で抑え、残心を取ります。

36

4　敵の肘と手首を掴んで、　　5　肘を押し込んで　　6　腕を返すように抑えて、
敵を崩し、

10　二の腕を右膝で　　11　敵の右手の袖を取り、　　12　引き寄せます。
踏み付けて、

【掴むツボの部位】

A　敵の上体を崩す時、掴む部位は、上腕の内側にある『曲池』というツボに親指を当てます。

B　上腕の外側にある『尺沢』を中指と薬指で当てます。

37

1　敵と正対した状態より、

2　敵が手刀で切り込んでこようとするのを、

3　我が右手を、敵の肘下にあてて押し返し、

7　敵の腕を引込みながら膝で敵の胸を蹴り上げ、

8　右膝を深く踏み込み、敵の腕を腰に取って、

9　敵の右手袖を掴み、

【万歳固めの固め捕りのコツ】

A　腕を捕った後、左足を一歩踏み出して、敵の腕をガッチリと固め捕る事が大切です。

B　敵の腕を固め捕った後、踏み込み足を一歩前に踏み出してない場合、

C　敵が腰から抜け落ちてしまいます。

4　同時に中高一本拳で敵の膻中に当身を入れます。

5　敵の肘と手首を掴み、

6　敵の手首、肘部をくの字に曲げて、

10　手前に引き込んで、

11　敵の両手を腰と脇の下に取り、

12　姿勢を起こし、敵の肩を固めて残心を取ります。

D　また、固め捕りが不十分だと、敵の両腕が広がって不安定になったり、

E　不安定のまま、腰に乗ってしまい、

F　最後は抜け落ちてしまいます。あるいは、固め捕りが不十分だと敵の他方の腕が掛け捕ることもできません。

1　敵と正対した状態より、

2　敵が手を封じにきたら、

3　手首の裏側を取らせ取らせて、

7　敵の背後を取り、

8　敵の右脇の下から腕を回して、

9　手を差し込み、

【四方固めの手順】

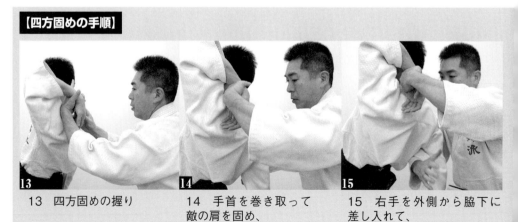

13　四方固めの握り

14　手首を巻き取って敵の肩を固め、

15　右手を外側から脇下に差し入れて、

40

4　敵を引き込んで、

5　腕を返しながら
敵を崩し、

6　四方固めに掛け取ります。

10　吊り上げている
敵の左手首を掴んで、

11　締め込みながら
引き込み、

12　敵を立ち極めに固めて
残心をとります。

16　天に吊った敵の左手首
に持ち替え、

17　締め込みながら、
引き込みます。

18　敵の重心を崩し、立ち
極めに捕ります。

1　敵と正対した状態より、

2　敵が手を封じにきたら、

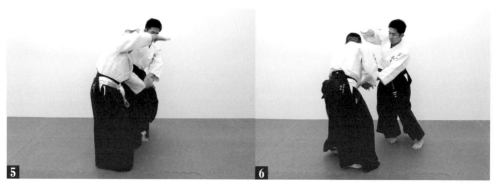

5　敵が視界内に残した腕を握ってきたら、

6　左手を引き込んで敵の体勢を崩していきます。

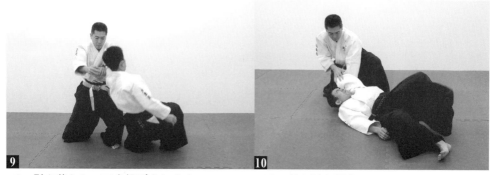

9　引き落とし、四方投げをします。

10　敵の肘を押えて、

3　やや左へずれながら転身して、右手で合気あげをすると、敵が前方に崩れていきます。

4　敵は体勢を崩されると何かに掴みたくなる心理が生まれるので、そこを利用して敵の視界内に腕を残して敵に掴ませます。

7　それにより、敵は左腕を外側に巻き取られ、

8　腕を釣り上げられます。敵のバランスを崩せたら、

11　敵の腕を巻き取って、

12　膝で敵の右腕を踏んで、残心を取ります。

第二章

合気の術理

柔道が重量別の「剛道」になり、今では『柔能く剛を制す』の格言は完全に死語となった。柔道では「押さば引け、引かば押せ」という。しかしこの教えは正しくない。正確には「押さば、回れ」であり「引かば、斜めに出る」である。

　敵の力を利用しつつ、角度やバランスを不安定にさせ易い身体空間や、その空間接点がある。自分がちょっと動いただけで転倒してしまう崩しや、死角がある。こうした転倒への過程を描く、イメージトレーニングによる術が「合気の術理」である。この転倒までに至る誘導は、想念を主体にした大東流独自のもので、他の柔術諸流派には殆ど見る事が出来ないであろう。

　他の柔術諸流派の動きは、スピードと力によって、速度としての最短距離を行動線とする為、それは直線的である。こうした直線運動の中には、人間の行動線を「球」でとらえるという観念に乏しい。したがって動きは最短距離の「直線」に固執する。そうすれば「力の格闘」が生じて、揉み合いの状態になる。もはやこうなれば、「球の玄理」は死んでしまう。

　合気の術理は、総てが「球の玄理」で構築されている。球の玄理とは「まるく、まるく」であり、喩えば敵が前から両手封じに来たとしよう。この時、パッと前にかがみ込むと敵は唐突な意外性にアッとするはずである。こうした状態の中で、苦もなくすくい上げれば転倒してしまう。そのすくい上げは「直線」ではいけない。「まるく、まるく」曲線的な「球」になっていなければならない。この「まるく」、球の一点に集約して敵の動きを封じるのが「合気」である。

1 敵と正対した状態より、

2 敵が両手を封じにきたら、

3. 刀印を切って親指の付け根を軸に、両手の指を立てて半円を描きながら吊り上げます。

正しい刀印
手の指を朝顔形に開き指先に気を込めます。

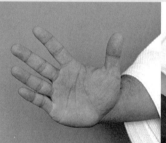

間違った刀印
ただ手を開いているだけでは手に気がこもらず、刀印に気がみなぎりません。

【片手刀印合気揚げ】
A 敵が掴んだと同時に刀印を切ります。

E 刀印が正しく切れていない場合は、合気揚げを行っても、

F 敵の握った手が外れてしまいます。

G それは、敵の握り手の親指をのせていないためで、

4 指を切り上げたまま　　　5 側方に敵の軸を傾けて、　　6 投げ放ちます。

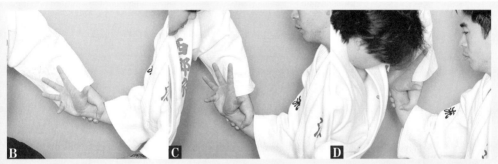

B 刀印を立て、

C 手首と肘で円弧を描くように、

D 押し上げ、円弧の軌跡の弧に人差し指を合わせ、合気上げを行います。

H 指が切れてしまい、外れます。

I 従って刀印を切り、正しく揚げれば敵の手は外れる事なく揚げる事が出来るが、

J しかし、折角、刀印を切っても、敵に握らせた手の間に隙間が出来れば、敵の握っている手が外れてしまいます。

1 敵と正対した状態より、

2 敵が両手を封じにきたら、手の内側を掴ませて、

3 刀印を切って手を開き、親指の付け根を軸に、両手の指を立て半円を描き吊り上げます。

7〜8 投げ放ちます。

A 刀印の切り方が不十分だと、

E 敵の封じと共に掌を上に向け、

F 刀印を切って、

G 円弧を描き、

4　小指側の手の付け根を軸にして切り込みを行い、敵の首の付け根に合気を掛けます。

5　右手を上へ左手を下へと回して、敵を傾け、

6　側方に身体を崩しながら、

B　いくら切込みを行っても、

C　手が外れてしまい、

D　敵を潰すことができません。

H　刀印の小指側の手首のつけ根を軸に、

I　切込みを行います。

J　敵は首のつけ根に合気が掛かり抜け出せません。

1　敵と正対した状態より、

2　敵が拳で突いてきたら、

3　拳を受け流します。

7　敵の左手を畳んで、

8　締め上げている我が右手で敵の左手を掴み、

9　更に締め上げて、残心を取ります。

Ⅰ　異なる角度より。敵の拳突きの気勢を読んで、

Ⅱ　半身でかわし、敵の突き手を左手で流します。

Ⅲ　右肘を敵の首に当てて、

4 右腕を敵の首に当てて、　　5 腕を敵の首に巻きつけ、　　6 締めあげます。

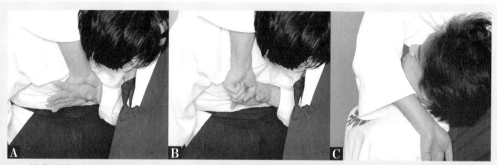

A 敵背面部での掴み方は、敵の手首つけ根をしっかり掴む事がポイントです。

B 敵の指先を掴んでしまうと、腰砕けのようになり、

C 握りが浅いだけでなく、敵に逃げられてしまいます。

Ⅳ 右腕を敵の首に巻き付けいき、

Ⅴ 敵の左手を折り曲げて、敵の背面へ送り出し、

Ⅵ 敵の左手首を、我が右手で掴みます。

1 敵と正対した状態より、

2 敵が両手を封じにきたら、

3 敵が両手を掴むとと同時に刀印を切り、

7 三条極めに取ります。

8 半身転身し、敵の手首関節を極めながら、

9 敵の掌を我が胸に密着させて、

13 右足を高く上げ、

14 カカトで敵の首を叩くように引き寄せ、

15 右足で敵の首の付け根に差し込み、

4　円弧を描くように敵の　　5　敵に切込み、　　　　　6　手を持ち替えて、
右手を切り上げ、

10　敵の腕の付け根を、　　11　腰に取り、　　　　　　12　敵を固めます。
手刀で引き寄せ、

16　敵の上半身を固めます。　17　右手を離し、　　　　　18　残心を取ります。

1　敵と正対した状態より、

2　敵が手刀で打ち込んできたら、

3　敵の打込みを受け、

7　引き倒します。

8　敵の腕を槍のように構え、

9　左足を一歩進めながら肩を極めて、

【抑え方の種類】

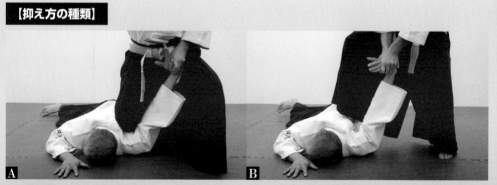

A　肩の腕の付け根を膝で踏んで極めます。

B　他に、肩の肩甲骨中央部を足の指先で踏む極め方や、

4 肘と手を取り、　　　　　5 受流して、　　　　　　6 敵を崩し、

10 槍を床にさすように
敵の腕を床に向けて押し
込みます。

11 敵の肩に膝を乗せ、

12 肩を極めて残心を
とります。

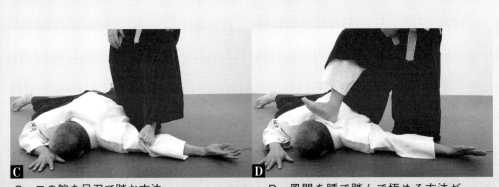

C 二の腕を足刀で踏む方法、

D 風門を踵で踏んで極める方法が
あります。

1 敵と正対した状態より、

2 敵が手を封じにきたら、

3 掌を上に向けて、敵に手首を掴ませます。

7 背後から敵の腕を吊り上げて、敵を浮かします。

8 後方に崩し、

9 引き倒します。

【手の取り方のコツ】

A 敵背後に回った時の敵の手の取り方。

B 敵の手首の殺しが十分でないと敵を倒すことはできません。

4 掴まれた敵の手の内側の
内関部を掴み、敵の手を絞り
敵を崩します。

5 敵の背後に回り込み、

6 敵の他方の手を取り、

10 敵の両手を大きく後方
に引き込み、

11 敵の掌を畳に置いて、

12 残心を取ります。

C 手首の殺しは、手の甲を「くの字」に
えぐるようにして掴みます。

1　敵と正対した状態より、

2　敵が両手を封じに
きたら、

3　手を内側に捻じり掴ませ、

7　内関部を圧迫して
敵を潰します。

8　敵に近づいて、

9　後方に崩し、

13　重ねた腕の上に、

14　我が右足で踏みます。

15　敵の右足指先を掴んで、

4　手を吊り上げます。　　　5　敵の腕の内側を掴み、　　　6　下方に手首を絞って、

10　そのまま、押し倒します。　11　次に、敵を引き　　　12　敵の両手を重ね、
　　　　　　　　　　　　　　　　　起こして、

16　我が右足に重ね、　　　　17　敵の左足を同様に重ね、　18　膝を使って敵の足に押し
　　　　　　　　　　　　　　　　　　　　　　　　　　　　　　出し、踏み足で圧迫して固定
　　　　　　　　　　　　　　　　　　　　　　　　　　　　　　し、残心を取ります。

1 敵と正対した状態より、

2 敵が手刀で打ち込んできたら、

3 敵の打ち込みと同時に手刀を構えて、

7〜9 敵を転倒させます。

A 背面より。敵と正対した状態より、

B 敵が手刀で打ち込んできたら、

C 敵の手刀を横へ半身ほど捌いて軸を外し、

4　敵の手刀を振り落とすと
同時に転身して、

5　敵の手首の付け根を
切り込み、

6　敵のバランスを崩して、

10　敵を見据えて、

11　残心します。

D　敵の手刀を我が手刀で
切り込み、

E　我が手刀が重くな
るイメージを作り、

F　右手を捻じりながら、敵
の腕を巻き取るように、敵の
上体を下方向に崩します。

1 敵と正対した状態より、

2 敵が手刀で切り込んできたら、

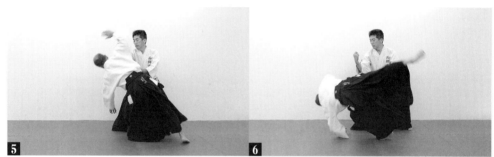

5 敵は拍子を乱して、バランスを失い、

6 後ろに転倒します。

A 背面より。敵が手刀を構えて、

B 敵の切り込みと同時に右横へと半身ほど捌いて、

C 敵の間合いに入り、敵の顎と胸中央部に当身を入れます。

3　敵の打ち込みの呼吸と拍子をとらえて、

4　敵の間合いに入り、敵のアゴに裏拳を打ち込みます。

7　倒れた敵を見据えて、

8　残心を取ります。

Ⅰ　敵の背後のアングルより。敵が手刀を構えて、

Ⅱ　打ち込む瞬間に、右斜め横へ踏み込んで上体を半身ほど捌いてから間合いを詰めて、

Ⅲ　当身を打ちます。

1　敵と正対した状態より、　2　敵が両手を封じにきたら、　3　敵に両手を握らせて、

7　握られた手を外して、　8　敵を前方に導き崩し、　9　敵の後方に回り込みます。

13　敵の両腕を縛り、　14　敵の上体を浮かしてから、　15　後方に崩し、

4 手首を交差させ、

5 敵の他方の手に我が
親指の付け根をあてて、

6 圧迫します。

10 敵の背後へ回り込み、

11 背後から右腕を回して、
敵の左手首を取り、

12 敵の両腕を交差させて、

16 引き倒します。

17 倒れた敵を見据えて、

18 残心を取ります。

1　敵が肘を抑えにきたら、

2　刀印を切り上げて、

5　刀印を下に向け

6　指先より円弧を描きながら、
敵の腕を巻き取り、

9　腰を沈めます。

10　敵の腕と肩関節を締め込んで、

（ふたりどりのあいき・がっしょうどり）

3　大きく左右へ腕を外に回します。

4　敵の腕に我が腕を巻き付けて、

7　合掌します。

8　後方真下へ、

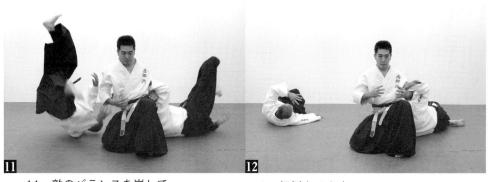

11　敵のバランスを崩して、

12　転倒させます。

12 二人捕りの合気・四方投げ（ふたりどりのあいき・しほうなげ）

1 敵と正対した状態より、

2 敵が我が両手を封じにきたら、

3 両手を流しながら、

7 両手の内側を敵に掴ませて、

8 敵を崩します。

9 更に引き込み、

13 敵の両手を重ね取って、

14 後方に崩し、

15 引き倒し、

4 上体を半身にして、　　5 転身して、　　6 左足を後方へ引きます。

10 敵の両手を重ね、　　11～12 四方投げに入ります。

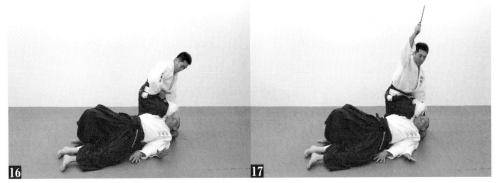

16 敵の腕のつけ根を踏み込み固め、　　17 残心を取ります。

13 陰（影）の合気 （かげのあいき）

1　敵と正対した状態より、

2　敵が我が手首を封じにきたら、

3　腕を内側に捻じり、手の内側を掴ませます。

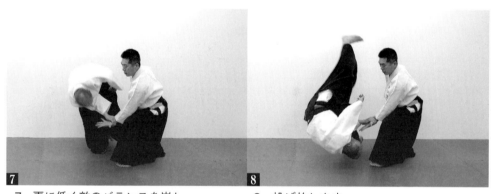

7　更に低く敵のバランスを崩し、

8　投げ放します。

【腕の掴ませ方】

A　腕を内側に大きく捻って手の内側を掴ませます。

B　我が肘を軸に、掴まれた手首を引き込み、

C　引き込んだ手首を円を描くように左外に返して敵を崩します。

4　我が肘を支点に、敵を引き寄せ、

5　掴まれた腕で円弧を描くように、

6　掌を上に向けて敵を崩します。

9　敵を見据えて、

10　残心を取ります。

D　腕を捕まれる時に、腕の内側へのねじりが少ないと、

E　捕まれた手を引こうとしても、大きく手前に引くことが出来ないため、

F　敵を十分に引き込む事ができず、敵の上体を崩す事ができません。

1 敵の正眼之構えに、白扇で応戦した状態より、

2 敵は正眼から上段に変化し、

5 振り向きざまに、敵の喉元に白扇の柄を打ち込みます。

6 敵は拍子を崩ずされて、

9 敵を見据え、

10 残心を取ります。

3 敵の切り込みと同時に、体をかわし、　　4 転身させて、

7 後方に、　　　　　　　　　　　　8 転倒します。

A 敵の切り込みの瞬間を捉え、　B 転身して切り込みを交わし、　C 間合いを詰め、　D 白線の柄で敵の喉を打ちます。

73

15 持たせの合気（もたせのあいき）

1　敵と正対した状態より、

2　敵が我が手首を封じにきたら、

5　転身し、掌を上に向けます。

6　これにより、敵は握った手を離すことができなくなります。

9　敵の肘を支点に前方に崩し、

10　腰を沈めて、

3　掌を上に向けて握らせると同時に、

4　敵の肩の方へ掌を押し返します。

7　敵の肘を極めて、敵を上方に崩し、

8　右足を前方に一歩踏み込み、

11　前方に投げ放します。

12　敵を見据え残心をとります。

1　敵と正対した状態より、

2　敵が我が両手を封じにきたら、

5　敵の手首と、

6　肘を極めて、

7　敵の腕の下へと潜るように転身して、

11　掴み手を持ち替えて、

12　敵を後方に崩します。

13　敵の背面に移動して、

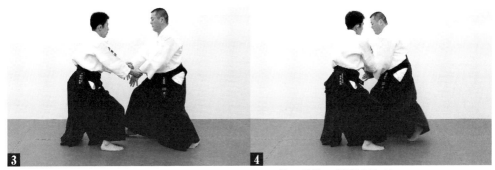

3　刀印を切って、

4　敵の手首の脈所を取り、

8　手首を吊り上げて、

9　敵を後方に崩します。

10　手首を絞りながら、

14　腰を沈め、

15　我が首の裏側と敵の尾てい骨辺りを合わせる様にして、

16　抱え上げます。

1 敵と正対した状態より、

2 敵が手刀で打ち込んできたら、

5 腰を沈めて、

6 半身になり、

9 敵の両足を左足で払って、

10 右足では膝の上部を押し込んで、両足で挟み込む様にします。

| 3　敵の攻撃の動きに合わせ、 | 4　敵の襟を取り、 |

| 7　敵の脚を挟みます。 | 8　同時に体を捻り、 |

| 11　我が左足で軸を作り、更に右足で敵を押し込んで後方に崩し、 | 12　倒していきます。 |

1　敵が背面より、

2　間合いを詰めて近づいてきて、

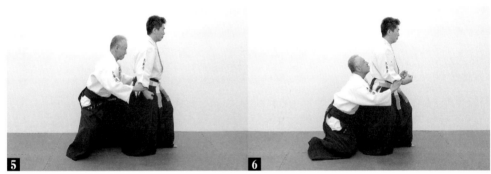

5　手を指先より上に巻き上げて、

6　敵を下方に崩し、

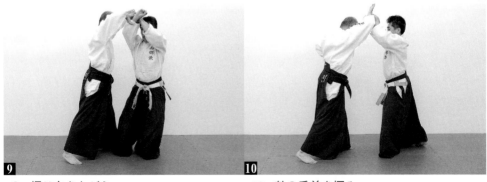

9　振り向きながら、

10　敵の手首を掴み、

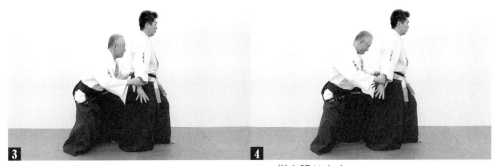

3　両手を封じてきたら、

4　指を張ります。

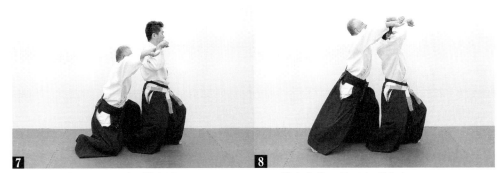

7　更に肘を開きながら敵を浮かし、

8　敵を十分に吊り上げます。

11　猫之手小手捻りで潰し、

12　動けないように一気に抑え込みます。

1　敵と正対した状態より、

2　敵が両手で手首を
封じにきたら、

3　敵に手首を掴ませた
まま、

7　脈所と手首と、

8　肘を極めながら
側方に崩します。

9　腕を巻き込みながら、

13　敵を投げ放ちます。

四方投げの敵の手首の捕り方
　敵の手首部の関節の隙間に親指をかけ、
敵の手の甲に指をあて骨を捕るイメージ
で手首を捕ります。

4　刀印を切り、敵の 「脈所」を捕ります。

5　敵の手首と脈所を圧迫し、

6　敵を浮かせ、

10　転身して四方投げに導き、

11　敵の手首を後方に 絞りながら、

12　体を沈め、

脈所の捕り方

A　手首内側の脈の部分を握り、手首を固め、

B　更に我が肘を敵の肘に添わせるように肘の極め、敵を浮かします。

1 剣を構えた敵と正対した状態より、

2 敵が間合いを詰めて、

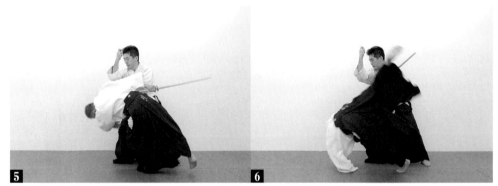

5 敵の切込みをかわし、

6 懐に入り裏拳を打ちます。

A 背面より。敵の切込みを、

B 右へ半身捌いて紙一重で交わして、

3 上段より切り込んできたら、

4 半身に捌いて距離を詰め、

7 敵は拍子を崩されて、

8 後方に倒されます。

C 敵の懐に入り、

D 裏拳で敵の顔面を打ちます。

1　剣を構えた敵と正対した状態より、

2　敵が間合いを詰めて、

5　前蹴りを蹴り込みます。

6　蹴り足は、

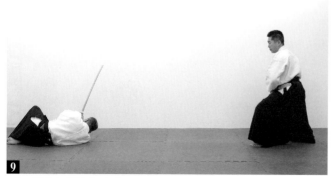

9　後方に倒されます。

3　上段より切り込んできたら、

4　間合いを読み、距離を詰め、

7　素早く引き込みます。

8　敵は拍子を崩されて、

A　前蹴りは、敵の溝内中央部に足先の腹が当たるように蹴り、

B　更に踵を、敵の内臓をえぐるように突き出します。

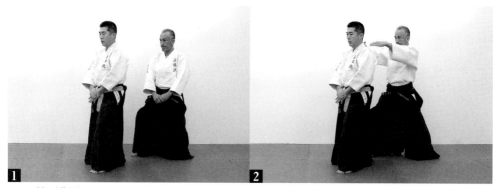

1　敵が背面より、

2　距離を詰めて、

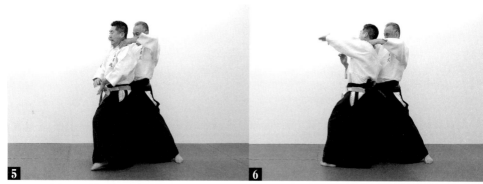

5　吐気と吸気の回路が確保して、絞められないようにします。

6　背面へ振り向いて、

9　前方に崩し、

10　腰を落とし、

3 首を絞めにきたら、

4 「イー」と発音するように
口を横に開いて、

7 敵の後頭部と顎を掴み、

8 敵の首を捻って、

11 投げ倒します。

口を「イー」と横に開いた状態。呼気、
吸気回路の確保。

1 敵と正対した状態より、

2 敵が襟、手首を取りにき
　たら、

3 取られていない他方の
　腕を切上げて、

7 重さを利用し、

8 後方に倒れこみ、

9 敵を投げ放ちます。

腕の絡ませ方
A 内側より刀印を切り上げ、

B 腕を外側に巻き付けます。

そのまま腕を回し続けると、
敵の腕を外側に折り曲げる事
ができます。

4　内から外に回し、

5　襟を持つ敵の腕に巻き付け、自らの掌に頭をつけます。

6　敵の腕を固めた状態で腰を沈め、

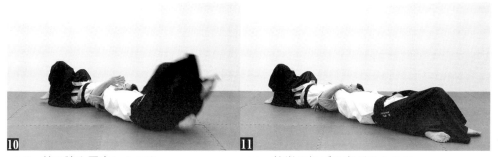

10　敵の腕を固定したまま、

11　簡単に投げる事ができます。

D　左手を手前まで回し続け、

E　刀印を立てて、

F　掌を後頭部に当てます。

第三章

合気柔術の技術

「はかりごと」とは、元々、兵法の基本理念である。つまり、表があり、裏があるというのが「はかりごと」であり、表を見せながら敵をけしかけ、もしやそれは「はかりごと」ではないかと思わせつつも、その仕掛けに乗せることを「はかりごと」と言い、乗せておいて術中にはまったところで業を掛けるのが、合気柔術の技法となる。

　ここに「兵は詭道 (きどう) なり」という『孫子の兵法』の原点がある。

　また合気に至る柔術は、その原点に「胆力」が置かれ、「決死の一人、千人を走らす」の境地で術を用いるのである。したがってこの気魄が、敵を呑み、「小が大を倒す」威力になるのである。

1 敵と正対した状態より、

2 敵が両手を封じに
きたら、

3 両手首を掴ませ
ます。

7 敵を崩して、

8 投げ放ちます。

9 腰を沈めて、

13 そのまま柄を巻き続け
て敵をコントロールして、

14 足元でうつ伏せに
します。

15 敵の肩を膝で踏みつけ、

4　刀の柄頭を切り上げ、

5　外側に半円を描くように、

6　刀の柄を敵の手首の内側に押し当てて、

10　柄頭を下に向けて、

11　敵の手首の下へ柄をくぐらせて、

12　左足を下げて転身し、柄で敵の手首を巻きつけます。

16　掴まれた手を外して、

17　肩を極め、

18　残心を取ります。

1 敵と正対した状態より、

2 敵が両手を封じにきたら、

3 両手を掴ませて、

7 柄を回して、敵の手首を吊り上げていき、

8 我が左手で敵の手の甲を掴みます。

9 刀の柄を敵の肘まで移動させて、

13 左足で敵の右手を踏み込み、

14 右足を退いて、

15 右足を振り上げ、敵の肩と首の間に足を入れます。足を入れやすくするために、敵の左腕をやや引き込んでおきます。

4 柄頭を右へ回していき、

5 敵の手首を巻き取るように柄を上げ、

6 敵の手首をくの字に折り曲げます。

10 肘の急所を上から圧迫し、

11 上体を崩して、

12 敵を押し潰します。

16 足を差し込んだときは、膝の向きは頭頂に向いてますので、

17 右足の膝を外へ開く事により、敵の首の付け根を圧迫することができます。

18 最後に残心を取ります。

1 敵と正対した状態より、

2 敵が手を封じにきたら、

3 掌を上に向けて、手首の内側を掴ませます。

7 敵の手首の内側に我が掌で圧迫させると、

8 敵は肘と肩が自然と前に押し出されてしまうので、

9 その押し出される方へと敵を倒していきます。

13 敵の左足を取り、

14 敵の左膝を曲げてたたみ込み、

15 次に敵の右足を取り、

4 　我が掌を敵の手首の内側
に密着させて、

5 　敵の手首を掴みながら
切り上げていきます。

6 　身体を右に開きながら、

10 　敵の腕を引き上げなが
ら手首を巻き込んで、肩を
極めいき、

11 　敵の背中の中央部
を右足で踏み、

12 　腕を踏んでいる右足の付
け根まで敵の腕を折り曲げて、

16 　たたんで両足を組ませ、

17 　我が左足を、敵の膝の
内側に差し入れて、

18 　体重をかけて制し、
残心を取ります。

1 敵と正対した状態より、　　2 敵が手を封じにきたら、　　3 掌を上に向け掴ませ、

7 掴まれた手を外し、
敵の肘を取ります。

8 敵を崩して、

9 敵の手首と肘をくの字に
折り、

13 敵を投げ放ちます。

14 残心を取ります。

4 刀印を切り、外側から
切上げ、

5 敵の手首に巻き付け、

6 敵の掌を裏返し、手の甲
を左手で取ります。

10 敵の背面を取り、
胸の前で敵の肘と手首
を重ねて固めます。

11 敵の手首を締め上げて
敵を浮かし、

12 左足を前方に踏み込み、

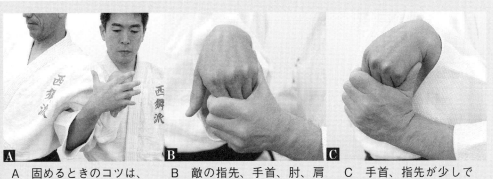

A 固めるときのコツは、

B 敵の指先、手首、肘、肩
が一直線になるように揃え
て、押し込むようにします。

C 手首、指先が少しで
も左右にずれた状態だ
と、しっかり固めること
が出来ません。

05 六条襟入れ（ろくじょうえりいれ）

1 敵と正対した状態より、

2 敵が手を封じにきたら、

3 腕を捻じり、手首の裏側を掴ませます。

7 左手で敵の手首を取り、

8 手首を巻き込みます。

9 敵の襟を取り、

13 他方の手を取り、

14 後方に吊り上げ、

15 腕を折り、

4　肘を軸に、

5　我が手を内側から外側に
返し、

6　敵の手を巻き取り、

10　敵の掌を襟に差し
入れます。

11　左手で敵の腕と
襟を持ち、

12　後方に敵の重心を崩し
ながら、

16　敵の襟中に掌を差し入
れます。

17　敵の掌と襟を掴み腰を
折るようにして、残心をと
ります。

襟の中に手を差し込む時は、
敵の重心を後ろに掛けながら
差し込むことがポイントです。

1　敵と正対した状態より、

2　敵が手を封じにきたら、

3　掌を上に向け、手首を掴ませます。

7　吊り上げます。

8　手を持ち替え、

9　手首を締め、

13　弓を弾くように腕を引き込ます。

14　十分に敵を吊り上げ、

15　左手首を更に絞り、

4　手を切り上げ、

5　内側より敵の手を掴み、

6　敵の手を捻じるように巻き込んで、

10　更に手首を下に締めこむと、

11　他方の腕が浮き上がるので、

12　その袖を取り、

16　敵を下方に崩し、

17　投げ放ち、

18　残心を取ります。

1　敵と正対した状態より、

2　敵が両手を封じにきたら、

3　敵の左手の手の甲を取り、

7　敵の腕を腰に取り、

8　敵の肩を極めます。

9　他方の腕の袖を取り、

13　刀を抜き、

14　上段に構え、

15　右膝を引いて、敵を床に崩れ落させます。

4　我が右手を円弧を描くように切り上げ、敵の手首を天に取って、

5　手首、肘をくの字に崩し、

6　右ひざで敵の胸の中央を蹴り上げ、

10　引き寄せ、

11　左脇に両手を取ります。

12　敵を固めて、

16　敵背面より剣を振り下ろし、

17　血ぶり、

18　納刀し、残心を取ります。

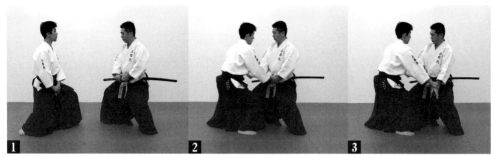

1　敵と正対した状態より、

2　敵が両手を封じにきたら、

3　左手を刀印にし、

7　持たれた手を切り、

8　手を持ち替え、

9　三条極めに捕ります。

13　更に転身をして、

14　上段に構えつつ、

15　刀を振りかぶり、

4 円弧を描くように、 5 敵の手を切り上げ、 6 敵の手首を切込み、他方の手で敵の手の甲を押え、

10 更に敵の手首を極めながら転身し、 11 刀を抜き、 12 敵の胴を切ります。

16 敵の頭を打ちます。 17 血ぶり、 18 納刀し残心をします。

1　敵と正対した状態より、　2　敵が距離を詰めて、　3　両手を封じに来たら、

7　敵の股下より、我が右手を通して、　8　敵の右手首を取り、　9　掴まれた我が左手を外して、

13　敵の右足を左足で踏んで、　14　更に、敵の左足を取り、　15　敵の右足の上に左足を重ねます。

4　我が腰を少し引いて、
敵の腰を崩して、

5　押し返して、刀の柄頭で
敵の腹を突きます。

6　腰を沈めて、

10　敵の股下に敵の右手
を引き込んで、

11　敵を倒します。

12　敵の右手と右足を絡めて、

16　逆手抜きで抜刀し、

17　振りかぶって、

18　敵の肩を打ちます。

10 地方投げ（ちほうなげ）

1 敵と正対した状態より、

2 敵が手を封じにきたら、

5 敵の肘に圧迫を掛けたまま押し出して、

6 そのまま、敵の腕を引き込みながら、

7〜8 敵を回していきます。

11〜13 投げ放ちます。

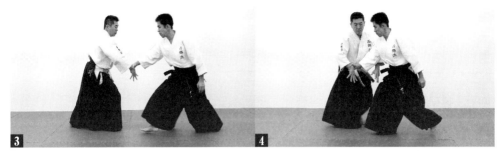

3 手首を掴ませて、

4 左腕を敵の右肘に当てて関節を極めます。

9 敵の体が崩れたとこに、

10 軽く右腕を上げて敵を浮かせて、

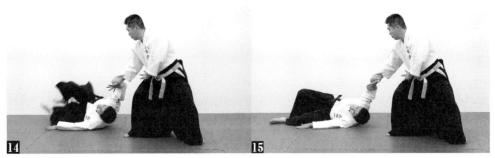

14 敵を見据えて、

15 残心を取ります。

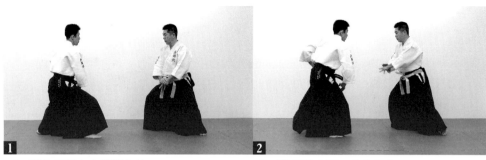

1　敵と正対した状態より、　　　　2　敵が拳を突いてきたら、

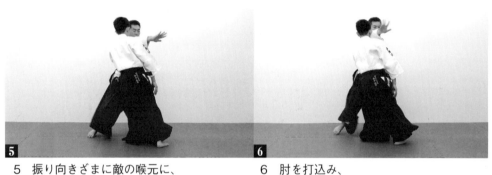

5　振り向きざまに敵の喉元に、　　6　肘を打込み、

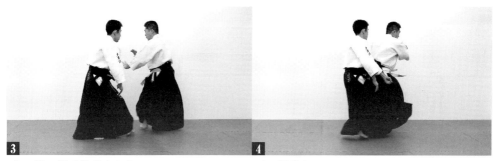

3　紙一重で拳をかわし、

4　転身し、

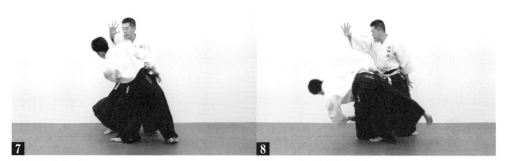

7　敵を後方へと、

8〜12　投げ放ちます。

1　敵と正対した状態より、

2　敵が両手を封じにきたら、

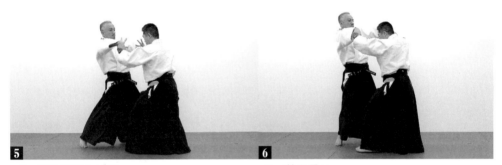

5　指を切り上げて、

6　敵を吊り、

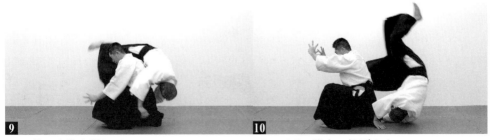

9　敵の上体を崩して、

10〜12　後方へ投げます。

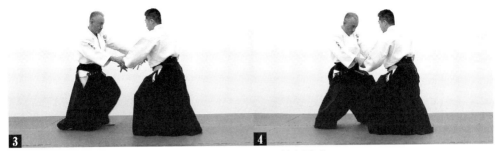

3　指を開き、刀印を切って、

4　敵を受け、

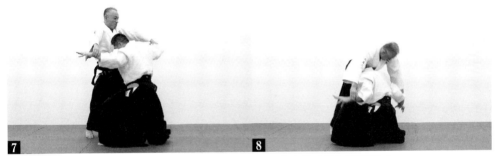

7　両手を左右に丸く開きながら
敵の両手を捌いて、

8　敵の腹の下に潜り込み、

13 相入身（あいいりみ）

1 敵と正対した状態より、

2 敵が両手を封じにきたら、

5 敵の右腕を腰まで引き込んで、
その場で留めます。

6 肘を敵の首に当て、

118

3　両手を掴ませて、

4　手を交差させながら、

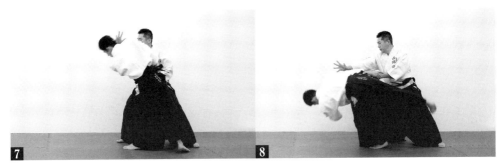

7　敵を押し込み、

8〜11　投げ放ちます。

1 敵と正対した状態より、

2 敵が手首と肩を取り迫ってきたら、

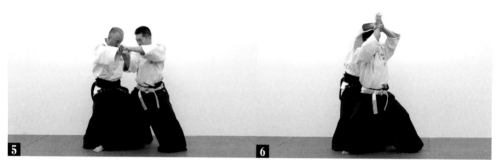

5 敵の手を捕り、

6 転身させて、

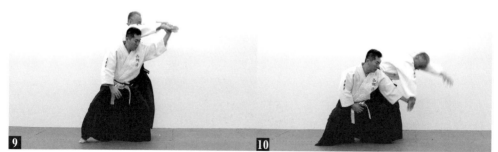

9 前方に導き、

10 手を絞りながら下方に崩し、

3　掴まれた敵の掌を掴んで、　　　　　　4　剣を振り上げるように、

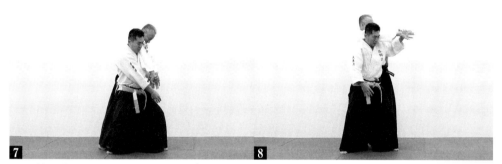

7　敵の腕を肩に掛けて、吊り上げます。　8　敵の手首を捻じりながら、

11 ～ 12　前方に投げ放ちます。

1 敵と正対した状態より、

2 敵が拳でついてきたら、

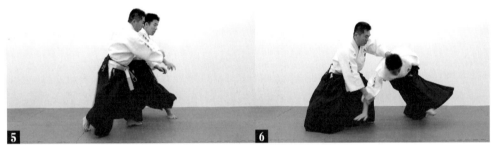

5 敵の手と首の付け根を捕り、
引き付けて、

6 下の方に崩し、

10～13 入り身投げを掛けます。

3 転身し、

4 敵の背面を取り、

7 敵の掌を床につかせ、
敵が立ち上がろうとする
力を利用し、

8 敵の喉に腕を掛けて、
上体を浮かし、

9 後方に崩し、

1 敵と正対した状態より、

2 敵が拳を突いてきたら、

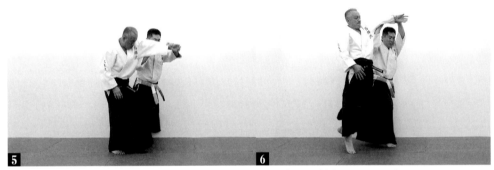

5 吊り上げ、

6 大きく前方に、

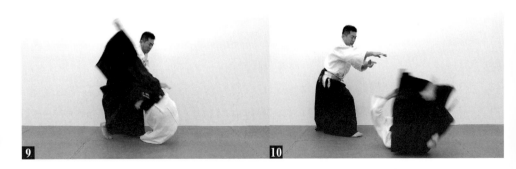

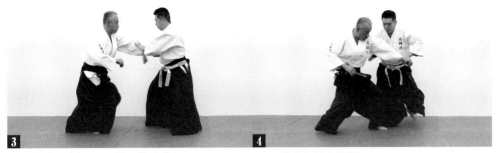

3　半身に捌いて、敵の拳を交わし、

4　手首と肘を取り、

7　我が右足と共に敵の肘を押し出し、

8〜12　敵を投げ放ちます。

17 天方投げ（てんぽうなげ）

1　敵と正対した状態より、

2　敵が両手を封じにきたら、

3　敵が腕を掴むと同時に、

4　刀印を切上げて、敵を浮かし、

5　後方に敵を崩し、

6〜8　投げ放ちます。

1　敵と正対した状態より、

2　敵が手刀で横面を打ってきたら、

3　転身し、敵の首に手刀を打ち込みます。

4　敵の手を取り、

5　転身し、

6　敵の手が頭上を抜けたら、

7〜9　前方に投げ放ちます。

●著者略歴

曽川和翁 (そがわ かずおき)

　昭和 23 年生まれ。幼少より山下芳衛当主に師事。西郷頼母伝承の大東流合気武術を学ぶ。
ほか八門遁甲五術 (命・相・卜・医・山) の研究者。昭和 46 年、西郷派大東流合気武術当主 (宗家)
を継承。以降、「心眼を開く」をテーマに各地を巡回指導中。今日に至る。

●本書に関する事及び入門に関する事は以下へ。
・西郷派大東流合気武術 総本部・尚道館
　〒 803-0985　福岡県北九州市小倉南区志井 6-11-13　TEL 093-962-7710
・西郷派大東流合気武術 関東本部 志友館
　〒 276-0034　千葉県八千代市八千代台西 7-1-16　TEL 047-494-1151

●出演者（撮影協力）
関東方面 指導本部長　　　岡谷 信彦
千葉県支部 指導部長　　　福島 維規
新宿支部 指導部長　　　　椎名 和生
全国有段者会 会長　　　　高安 伸明
習志野綱武館 指導部長　　伊藤 攻

大東流合気武術　DVDつき

2020 年　4 月 25 日　初版発行

著　者　曽川和翁
発行者　今堀信明
発行所　株式会社　愛隆堂（Airyudo）

〒 102-0074
東京都千代田区九段南 2-5-5
電　話　　03 (3221) 2325
Ｆ Ａ Ｘ　　03 (3221) 2332
振　替　　00110-4-553

印　刷　モリモト印刷株式会社
製　本　有限会社　島川製本所

落丁本・乱丁本は小社までお送りください。　　© K.Sogawa
送料小社負担にてお取替え致します。

ISBN978-4-7502-0347-8　　　Printed in Japan